Nuria Teresa De Juan González

APULEYO EDICIONES   FOMENTO DE VALORES   CUENTOS ILUSTRADOS

EL NIÑO QUE PERDIÓ SU SONRISA

APULEYO EDICIONES   FOMENTO DE VALORES   CUENTOS ILUSTRADOS

Dedé es un niño de color, morenito morenito, como el chocolate negro. Tiene ocho años y vive con sus papás y su hermanita pequeña en una casa muy bonita. La casa está cerca de un bosque verde, precioso y frondoso, donde hay muchos animalitos; ciervos, zorros, jabalís...
y muchos tipos de pájaros.

Cada día se levanta y se prepara para ir al cole porque le encanta aprender, aunque lo cierto es que allí no lo pasa muy bien que digamos...

Desde hace mucho tiempo, **Dedé** se olvidó de cómo se sonríe, por lo que todo el mundo le pregunta por qué siempre está tan serio. Cuando sale al patio en el recreo, resulta que los demás niños no cuentan con él para jugar, porque al estar siempre tan serio parece que está enfadado. Incluso hay algunos niños que le tienen un poco de miedo, simplemente porque no lo entienden... Y eso hace que **Dedé** se ponga triste... y claro, cada vez más serio... Así que, cada día, vuelve del colegio bastante abatido y desmoralizado, cabizbajo y con cara triste.

Un día, mientras volvía del colegio, se sentó en un banco que había a la mitad del camino para intentar mejorar un poco su estado de ánimo antes de llegar a casa y ver a su familia.

Estando ahí sentado, de repente, vio cómo una pequeña ardilla bajaba del árbol que había a su lado. Estaba comiéndose una nuez. El pequeño roedor se plantó delante de él. Después de mirarlo varias veces, ladeando la cabeza de un lado al otro y con cara de curiosidad, por fin, la ardilla se decidió a preguntarle:

—¡Hola! ¿Qué te pasa? ¿Por qué estás tan serio? ¿Cómo te llamas?

—¡Hola! ¡Cuántas preguntas juntas! Pues no lo sé, hace tiempo que me cuesta sonreír, es como si no pudiera... Me llamo **Dedé**, ¿y tú?

—Yo soy Trini, la ardilla. ¿Que no puedes sonreír? Qué raro...
¿No será que la has perdido? Tu sonrisa, digo...

—¡Anda! ¡Pues nunca se me había ocurrido! La verdad es que no recuerdo la última vez que sonreí... A ver... —se dijo, intentando recordar.

—No, no, si no te acuerdas, tiene que ser que la has perdido, y seguramente hace mucho tiempo, no eres el primer niño al que le pasa...

—¿Ah, no? ¿Hay más niños como yo? ¿Y tú sabes cómo la han encontrado de nuevo? No tengo ni idea de dónde puede estar, ni de por dónde empezar a buscar...

—¿Por qué no vas a ver a la Bruja Céline? Tal vez ella te pueda ayudar...

—¿Una bruja? ¿Ayudarme? ¿Estás segura?
—dijo **Dedé** con algo de desconfianza.

—Sí, sí. Por eso mismo, porque las brujas hacen magia, y a lo mejor con la magia puede encontrar tu sonrisa.

—¿Y dónde vive esa bruja? ¿Tú lo sabes?

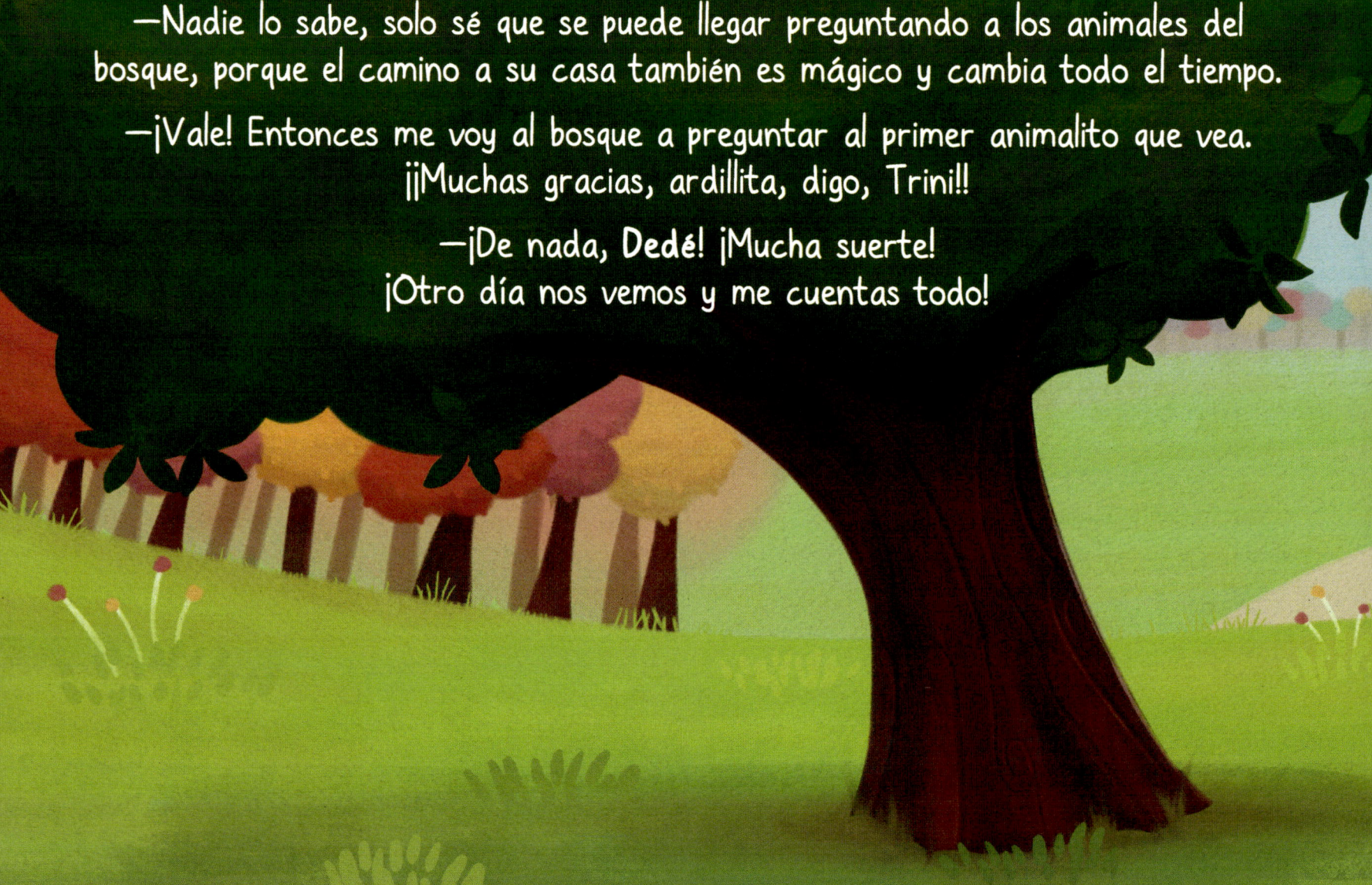

—Nadie lo sabe, solo sé que se puede llegar preguntando a los animales del bosque, porque el camino a su casa también es mágico y cambia todo el tiempo.

—¡Vale! Entonces me voy al bosque a preguntar al primer animalito que vea. ¡¡Muchas gracias, ardillita, digo, Trini!!

—¡De nada, **Dedé**! ¡Mucha suerte! ¡Otro día nos vemos y me cuentas todo!

Pero **Dedé** ya había salido corriendo y casi no la escuchó.

Giró a la izquierda para subir por un camino que se dirigía directamente al bosque. Cuando estaba llegando, vio un erizo a lo lejos que intentaba desenterrar algo con bastante dificultad. En cuanto estuvo cerca, **Dedé** le preguntó:

—Hola, Sr. Erizo —le dijo, un poco fatigado de haber subido corriendo por el camino—, ¿quiere que le ayude?

—Si me ayudas un poco, lograré sacar esta enorme castaña que me he encontrado y la guardaré para el invierno.

Dedé lo ayudó y en un momento la desenterraron.

—Muchas gracias —le dijo—. Me llamo Púas,
Sr. Púas, y tú, ¿cómo te llamas?

—Yo me llamo **Dedé**, mucho gusto, Sr. Púas. A lo mejor usted me puede
ayudar. ¿Usted sabe cómo puedo llegar hasta la casa de la Bruja Céline?

—Nadie sabe el camino, pero creo que deberías mirar en ese
agujero que hay un poco más adelante en esa dirección.

—¡Genial, muchas gracias! —dijo **Dedé** mientras salía
corriendo hacia donde le había dicho el Sr. Púas.

Cuando llegó, vio en el suelo un agujero grande, tan grande como la rueda
de un camión de esos enormes. Miró dentro, pero no se veía nada de nada.
Todo estaba oscuro. Gritó:

—¡¡Eoooooooo!! —pero nadie respondió.

Dedé siguió asomándose para ver si veía algo, tenía la cabeza
dentro y cada vez se asomaba más y más hasta que,
¡¡PUM!!, ¡¡se cayó dentro del agujero!!

Estaba todo tan oscuro que no se veía ni se oía nada. Miró bien a su alrededor y en cuanto sus ojos se acostumbraron a la oscuridad, empezó a ver muchos pares de ojos pequeñitos que lo miraban y preguntó:

—¡Hola! ¿Hay alguien aquí conmigo?

De repente empezó a escuchar risas y a ver cómo había más ojos que lo miraban y más risas. Cuando pudo ver claramente al acercarse, se trataba de un grupo de murciélagos que se lo estaban pasando pipa riéndose de la cara de susto que tenía. Claro, como son negros, no los podía ver en la oscuridad. A **Dedé** también le dieron ganas de reír, pero, como no podía ni sonreír, solo preguntó:

—¿Me podéis ayudar, por favor? Busco la casa de la Bruja Céline.

—Aquí seguro que no es, ja, ja, ja, ja, ja —se reían los murciélagos. Uno de ellos se acercó un poco más a **Dedé** y le dijo:

—Pero qué serio eres tú, ¿no? ¿Te pasa algo?

—Sí, es que he perdido mi sonrisa. Por eso busco a la Bruja Céline,
a ver si ella puede ayudarme.

—No te puedo indicar dónde vive, sólo te puedo decir
que si yo fuera tú iría por ese huequito de ahí.

Dedé miró hacia donde el murciélago le señalaba con su pequeña alita. Se veía una luz y lo que parecía ser un túnel. Decidido, se despidió dando las gracias y se metió en el túnel.

Al principio era un poco estrecho y se veía la luz a lo lejos, como si estuviera al final del todo. Metió los pies primero y su cuerpo después. Cuando empezó a descender por el túnel, este empezó a cambiar y a ser más grande a medida que **Dedé** pasaba. Llegó un momento en que empezó a deslizarse fácilmente, como si estuviera en un tobogán. ¡Pero es que era eso! ¡Un super tobogán como los que había en los parques acuáticos! Empezó a deslizarse cada vez más rápido haciendo todo tipo de curvas. Estaba divirtiéndose mucho cuando se dio cuenta de que la luz del final del túnel cada vez se hacía mayor y mayor y... ¡¡PLAS!! Cayó en el agua y empezó a hundirse y hundirse...

De repente sintió que había algo que lo empujaba hacia arriba y le ayudaba a salir. Cuando salió a la superficie y pudo sentarse en la orilla a reponerse del susto, vio que había caído en un río y que había sido un delfín quien lo había ayudado.

—¡Guau! Muchas gracias, Sr. Delfín. No sé si habría podido salir yo solo...

—Para mí ha sido un placer ayudarte. Soy un delfín hembra y me llamo Cindy. Tal vez tú puedas ayudarme y echarme una mano con mi amiga Tati, la tortuga. No se puede mover porque tiene una cuerda enredada entre dos de sus patas y no puede caminar, mucho menos nadar. En realidad, ¡necesitamos que nos eches las dos manos! —dijo riendo—. ¿Nos ayudas?

—¡Claro que sí! —dijo **Dedé**—. Vamos.

—Ven conmigo, está muy cerca; desde aquí la podemos ver.

En la misma orilla, un poco más allá, estaba Tati, la tortuga,
sin moverse y con cara de preocupación.

—¡¡Tatiiii!!, ¡ya he encontrado ayuda! ¡Este niño nos ayudará!
Por cierto, ¿cómo te llamas? —dijo mirando a **Dedé**.

—**Dedé** —contestó.

—¡Se llama **Dedéééééééééé**! —gritó casi cantando de lo
contenta que estaba de haberlo encontrado.

Llegaron al lado de la tortuga. **Dedé** miró bien la cuerda enredada en sus
patas y, aunque no era fácil deshacer todos esos nudos, con mucha
paciencia comenzó a desenredarla, poco a poco,
hasta que la tortuga quedó libre.

Ella, muy contenta, lo primero que hizo fue meterse en el agua
mientras le daba las gracias. Las dos, Cindy y Tati,
lo miraban desde el agua y le preguntaron:

—Dinos, **Dedé**, ¿qué haces tú por aquí?

—Estoy buscando la casa de la Bruja Céline.
Voy a pedirle que me ayude a encontrar mi sonrisa.

—¡Ah! Ya decía yo que estabas muy serio —dijo Cindy—.
Pensé que había sido por el susto de caer al agua.

—No, no, hace tiempo que la perdí y no sé cómo encontrarla.

—Seguro que la bruja te puede ayudar, pero para llegar
a su casa hay que atravesar el río.

—¡Uff! —resopló **Dedé**—.
Yo no soy capaz de nadar una distancia tan grande.

—No te preocupes, mis hermanos y yo te podemos ayudar
—dijo Cindy.

—¿Tú crees? ¡Eso sería genial!

—Espera que los llamo.

Cindy emitió ese sonido típico de los delfines para llamar a
sus hermanos y en un momento empezaron a aparecer
muchísimos delfines. Cindy le dijo:

—Acércate y entra en el agua. Nosotros vamos a empujarte desde
aquí hasta el otro lado y no vamos a dejar que te hundas.

Y así lo hicieron. Y, en un PLIS-PLAS,
Dedé estaba en la otra orilla.

Desde allí les mandó besos y miles de gracias a los delfines
y a Tati, que los acompañó subida encima de uno de ellos.

Dedé se giró y enseguida la vio; ¡LA CASA DE LA BRUJA!

La casa estaba en lo alto de la colina. Todavía le daba un poco de miedo ir a su encuentro, más aún porque se estaba haciendo de noche, pero sabía que tenía que hablar con ella si quería encontrar su sonrisa perdida.

Comenzó a subir la colina y, cuanto más se acercaba a la casa, mejor podía ver todos los detalles. La casa era muy bonita, estaba toda ella cubierta de unas flores violetas que la hacían parecer que formaba parte del paisaje. Se paró frente a la puerta, se pensó de nuevo si debía entrar, pero al final se decidió y dio dos toques con su puño; TOC, TOC.

—¿Quién es? —se escuchó al otro lado.

—Hola, soy un niño que...

—¿Eres tú, **Dedé**?

Dedé se quedó impresionado de que supiera que era él.

—Sí..., soy yo... —dijo con voz temblorosa.

—Pasa, no te quedes en la puerta.
Sé a lo que vienes y te puedo ayudar.

Dedé entró y se encontró en una casa preciosa, donde había muchas plantas, muchos libros y cuentos, una chimenea encendida, tres gatos y un loro. El loro comenzó a decir:

—¡Bienvenido, **Dedé**, el serio!, ¡bienvenido, **Dedé**, el serio! —con esa voz característica de los loros cuando nos imitan al hablar.

Los tres gatos se acercaron para que **Dedé** los acariciase. Eran muy suaves y mimosos, ronroneando todo el tiempo. ¡Y la bruja..., ella era... era muy guapa! Nada que ver con lo que él se había imaginado. Tenía unos ojos enormes azules y una cara muy dulce, y lo miraba con una bonita sonrisa.

—¿Te encuentras bien? —preguntó—. Pareces cansado y sorprendido al mismo tiempo.

—Sí, es que me han pasado muchas cosas en el camino, y la verdad no me esperaba...

—Te esperabas una bruja fea y mala, ¿verdad?

—Sí —dijo **Dedé**.

—También hay brujas buenas como yo, que nos gusta ayudar a los niños y a los animales. Trabajamos junto a las hadas porque usamos el mismo tipo de magia.

Dedé la miraba y la escuchaba con cara de admiración.

—¿Entonces vienes en busca de tu sonrisa? —le dijo ella.

—Sí, es que no me acuerdo de dónde la perdí...

—Yo sé dónde la tienes. Mira, ven. Ven a mirarte en mi espejo; es un espejo mágico y vas a verte a ti mismo cómo eres de verdad.

Dedé se acercó con un poco de duda, pero, poco a poco, se puso frente al espejo, y se vio a sí mismo, ¡pero de una forma que jamás había visto! Se veía fuerte, guapo, con un corazón enorme, una capa de superhéroe que colgaba de sus hombros y ¡¡UNA GRAN SONRISA!!

—Pero ese no soy yo —le dijo a la bruja.

—Claro que eres tú. En este espejo ves tu reflejo con todas tus cualidades. Ves que eres valiente, porque lo has sido para poder llegar hasta aquí, cayendo en un agujero, metiéndote por un pequeño túnel, deslizándote por el tobogán, cayendo al agua y atravesando el río...

También has sido compasivo, ayudando al erizo y a la tortuga a desenredarse para poder volver a nadar, porque tu corazón es enorme. Eres muy guapo, como todos los niños, porque no hay ni un solo niño feo en todo el inmenso mundo. Y la sonrisa siempre estuvo ahí, dentro de ti. Pero creo que te olvidaste de lo fantástico que eres, de todas esas cualidades tan bonitas que tienes y perdiste la confianza en ti mismo.
Por eso no podías sonreír.
¿No crees? —preguntó la bruja.

Dedé la miraba, pensando en lo que le decía Céline, y dijo:

—¡Así que, POR FIN LA HE ENCONTRADO! Ahora entiendo todo. O sea, ¿que así es como soy y como debería verme siempre?

—Exactamente, solo tienes que cambiar los ojos con los que te miras al espejo, dejar de ver a ese niño triste y débil y ser capaz de encontrar el superhéroe que tienes dentro, como cada niño. Todos los niños tienen uno dentro de ellos, solo tienen que descubrirlo. De esa manera nunca perderás tu sonrisa.

—¡Muchas gracias! —dijo **Dedé**, emocionado—. Voy a enseñarle a mi hermanita a que se mire así en el espejo también.

—A ella y a todos tus amiguitos. Hay muchos niños como tú que piensan que no valen nada porque los problemas que tienen alrededor no les dejan recordar lo maravillosos que son y todas las cosas bonitas que tienen dentro. Y eso hace que olviden que todos los niños están llenos de fantasía y de amor.

—Voy a intentar enseñárselo a toooodo el mundo —dijo **Dedé**, muy contento, pensando ya en todos sus compañeros del cole—. Gracias de nuevo, Céline, me has ayudado muchísimo. Ahora creo que debería irme a casa porque se ha hecho de noche y seguramente mis padres están preocupados.

En ese momento la bruja levantó la mano izquierda y sopló en dirección a **Dedé** con unos polvos que tenía en la palma de la mano, y en un momento, mágicamente, **Dedé** se encontró en casa. Había llegado a la hora de la merienda, como si hubiera venido directo del colegio, sin haber pasado por toda esa aventura. La magia de la bruja lo llevó de vuelta a casa y de vuelta en el tiempo.

Dedé corrió hacia el cuarto de baño y se miró en el espejo. Se vio a sí mismo como el niño fantástico que es y, aunque no viera una capa de héroe ni su gran corazón, sabía que los tenía dentro. Se iba a esforzar en nunca olvidarlo y recordar siempre quién es de verdad. Rio con una sonrisa grande grande y ya nunca más la volvió a perder.

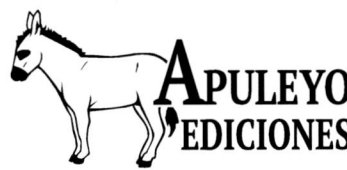

© Nuria Teresa De Juan González (de la obra)
©Apuleyo Ediciones (de esta edición)
Primera edición en Apuleyo Ediciones: julio 2024
Diseño de cubierta: Sofía Corzo González
Corrección: Aitor Andreu Guerrero
Maquetación: Domingo Carrasco Martín
Ilustraciones: Nacho Bre
Coordinación editorial: Isidoro Cidre González
info@apuleyoediciones.com
www.apuleyoediciones.com
ISBN: 978-84-1060-183-3
Depósito legal: H 221-2024

Hecho e impreso en España.

EL NIÑO QUE PERDIÓ SU SONRISA

APULEYO EDICIONES   FOMENTO DE VALORES   CUENTOS ILUSTRADOS

Nuria Teresa De Juan González

APULEYO EDICIONES   FOMENTO DE VALORES   CUENTOS ILUSTRADOS